Inhalt

New Generation CAx

Kernthesen

Beitrag

Fallbeispiele

Weiterführende Literatur

Impressum

New Generation CAx

I.Zeilhofer-Ficker

Kernthesen

- CAx-Systeme sind in der Industrie gut etabliert. Jedoch erst seit 3D oder Virtual Reality preislich auch für Klein- und Mittelbetriebe erschwinglich geworden sind, setzt sich die neue Generation von CAx-Werkzeugen in der industriellen Praxis auf breiter Front durch.
- Digitale Simulations- und Visualisierungsmöglichkeiten beschleunigen und verbessern die Konstruktions- und Fertigungsprozesse.
- Durch Product Lifecycle Management PLM soll die durchgängige, transparente Produktdatenverfügbarkeit vom ersten Entwurf bis zur Entsorgung ermöglicht werden.

- Mit Hilfe von Collaboration Tools, Schnittstellen und Internet-Techniken können alle Stellen im Betrieb, aber auch externe Lieferanten, Partner und Kunden in den Entwicklungsprozess involviert werden.

Beitrag

Historie

Seit sich Ende der 70er, Anfang der 80er Jahre die Vokabeln CAD und CAM im technischen Sprachgebrauch etabliert haben, ist eine Menge Entwicklungsarbeit geleistet worden. Waren die anfangs Mainframe-basierenden Systeme wegen der astronomisch hohen Kosten nur einem sehr kleinen Kreis von Spezial-Anwendern vorbehalten, so ist CAx mittlerweile aus den Konstruktions- und Planungsbüros selbst in klein- und mittelständischen Betrieben nicht mehr wegzudenken. (1)

Stand der Technik

Noch vor ein paar Jahren dominierten die Workstations den CAD/CAM-Markt. Durch die enormen Leistungssteigerungen der heutigen PCs ist es aber schwer geworden, eine Trennungslinie zwischen Workstation und Hochleistungs-PC zu ziehen. Mobile Workstations ermöglichen gar, virtuelle Darstellungen beim Kunden zu präsentieren. (2) Durch die rasante technische Entwicklung sowohl im Hardware-, als auch im Software-Bereich und den damit verbundenen Preisreduzierungen ist es heute selbst für den Mittelstand möglich, die Werkzeuge der virtuellen Darstellung zu nutzen und gewinnbringend einzusetzen. (3) Virtual Reality ist auf dem besten Weg, den Elfenbeinturm der Wissenschaft zu verlassen und zum Standard in der industriellen Praxis zu werden.

Die gesamten CAx-Prozesse, also Entwicklung, Konstruktion und Fertigung sowie die Produktdatenhaltung und der Workflow könnte man konsequent auf digitale Verfahren umstellen. Digital Mock-up, also die digitale Prototypenerstellung, elektronische Testverfahren und komplette Fabriksimulationen werden zunehmend im virtuellen Raum stattfinden. (4) In der "digitalen Fabrik" werden Produktionsprozesse simuliert sowie visualisiert und damit kosten- und ablaufoptimierte Lösungen für den Fertigungsprozess entwickelt. (6)

Alle Produktdaten vom ersten Konstruktionsentwurf bis zur Entsorgung durchgängig zu speichern und jederzeit und überall verfügbar zu haben ist das Ziel von Product Lifecycle Management (PLM) oder auch Collaborative Product Commerce (CPC). Alle Daten sollen transparent an allen Stellen im Betrieb verfügbar sein, also auch kompatibel mit den unterschiedlichen Business- und Konstruktions-Systemen nicht nur innerhalb des Unternehmens, sondern auch bei Lieferanten, Partnern und Kunden. (5)

Die Technik zu den oben genannten Zielen existiert bereits und ist auf dem besten Weg, sich als Massenanwendung durchzusetzen. Das erreichte niedrige Preisniveau macht digitale Konstruktions-, Engineering- und Planungssysteme auch für kleinere und mittlere Betriebe interessant. Internet-Technologie ermöglicht die zentrale Datenhaltung und den Zugang zu relevanten Produktdaten in Echtzeit. Die "New Generation CAx" ist auf dem Weg zum Durchbruch.

3D

Schätzungen zufolge werden erst 15 Prozent aller MCAD-Projekte in 3D entwickelt. Einer der Hauptgründe, warum nicht mehr Konstrukteure und Entwickler die 3D-Technik zu Hilfe nehmen, sind die zahlreichen Probleme beim Übergang von einem 2D- zu einem 3D-System. (9) Nur wenige Softwarelösungen bieten die Möglichkeit, parallel in 2D und 3D zu arbeiten. Einige Anbieter haben das Problem erkannt und bieten kombinierte Lösungen. (7)

Ein Vorteil der 3D-Technik liegt in der zu erreichenden Zeitersparnis im Konstruktionsprozess. Stößt die 2D-Technik beim Konstruieren von Bauteilen großer Dimensionen oder von Baugruppen mit mehreren Tausend Einzelteilen sehr bald an seine Grenzen, so können auch problematische Konstruktionen mithilfe eines 3D-Design-Systems dreidimensional dargestellt werden. Bauteile werden im Rechner zusammengesetzt und mit "Bearbeitungen" wie zum Beispiel Bohrungen oder Gewinden versehen. Informationen über Werkstoff und Beschaffenheit können ebenso mit eingebunden werden wie Daten über Bewegungen, Abhängigkeiten oder Fertigungsinformationen. (7), (8)

Virtual Reality

Noch einen Schritt weiter geht die virtuelle Realität. Kann man 3D-Modelle nur ansehen, erlaubt die VR-Technik das "Eintauchen" in die 3D-Darstellung. (3)

Man kann in das Produkt hineingehen und teilweise feststellen, ob es funktioniert oder nicht. Änderungen können sofort vorgenommen und visualisiert werden. So gibt es mittlerweile virtuelle Prototypen von Fahrgast-Innenräumen, in denen Farben, Texturen und Geometrien so realistisch dargestellt werden, dass sie maßgeblich das Auswahlverfahren für die Produktion beeinflussen. (10)

Dieser digitale Prototypenbau (Digital Mock-up) verkürzt nicht nur die Zeit von der Idee bis zur Markteinführung, er verringert auch die Gefahr von Konstruktionsfehlern und unterstützt durch die Auswertung von Simulationen die Qualität und Funktionstüchtigkeit des Endproduktes. Bereits in einem frühen Entwicklungsstadium können beispielsweise Crashtests oder andere physikalische Prüfungen vorgenommen werden und die Ergebnisse daraus in die weitere Entwicklung einfließen. (11)

Die Zusammenarbeit mehrerer Partner an einer Konstruktion wird von konferenzfähigen VR-Systemen unterstützt. Die Daten dazu werden lokal im Intranet zur Verfügung gestellt und können über eine parellele Telefonleitung besprochen werden. Auch eine VR- zu Desktop-Integration ist möglich, wenn nicht alle Partner über die VR-Technik verfügen. (3)

Die digitale Fabrik

Der Einsatz einer Planungs- und Simulationssoftware zur Optimierung von Wertschöpfungsketten (Business-Szenarien, Prognosen, Bedarfsermittlung, Produktionsplanung) und die entsprechende Simulation und Visualisierung von Prozessen wird mit dem Begriff "digitale Fabrik" bezeichnet. Langfristig soll beispielsweise der komplette Bau eines Autos im Vorfeld der Produktion geplant und simuliert werden können. Bei konsequenter Nutzung der "digitalen Fabrik" rechnet man mit einem Einsparpotenzial von ca. 0,5 bis 5 Prozent der gesamten Fertigungskosten. [(6)](#)

Derzeit arbeiten aber erst 3 Prozent der Unternehmen in Produktionsnetzwerken, die dem Leitbild der digitalen Fabrik in etwa entsprechen. Dennoch sollte man die digitale Fertigung realistisch betrachten - schon Unternehmen, die nur einfache Produktionskooperationen nutzen, sind wesentlich effektiver und effizienter als die Vergleichsunternehmen. [(12)](#)

PLM - Product Lifecycle

Management

Mit dem PLM-Konzept sollen zwei Ziele verwirklicht werden. Allen Beteiligten, also vom Kunden über Konstrukteur, Fertigungsspezialist, Qualitätsingenieur, Vertriebs- und Servicemitarbeiter, soll eine einheitliche Sicht auf die aktuellen Daten eines Projektes ermöglicht werden. Ziel ist, dass Änderungsvorschläge oder -wünsche möglichst früh in die Konstruktion einfließen, und dadurch mit möglichst wenig Aufwand an Zeit und Geld verwirklicht werden können. (5)

PLM braucht also auch die Vernetzung mit dem ERP-Bereich, dem SCM-System und auch dem CRM. Nur durch die Vernetzung aller EDV-Systeme eines Unternehmens lassen sich ein kürzeres Time-to-Market, geringere Entwicklungskosten, rasches Reagieren auf Kundenwünsche sowie eine bessere Abstimmung der Beteiligten erreichen. (5) Das PLM- oder CPC-System muss als Bindeglied zwischen den verschiedenen Applikationen dienen und gleichzeitig eine einheitliche Oberfläche zur Verfügung stellen. Um die Zusammenarbeit mit unternehmensexternen Partnern und Zulieferfirmen zu ermöglichen und auch Entwicklungsteams, die über den Erdball verstreut arbeiten, eine einheitliche Arbeitsbasis zur Verfügung zu stellen, ist die konsequente Nutzung des Internets als Kommunikationsmittel unumgänglich. Es genügt aber nicht, Dateninhalte in Webformulare zu verpacken, sondern es muss eine klar gegliederte Architektur von der Datenbank bis zur Oberfläche geschaffen werden. (14)

Autoindustrie führend

Auch in Bezug auf PLM-Techniken ist die Automobilindustrie führend: derzeit ist eine wissensbasierte PLM-Konstruktionsumgebung für die Innenraumentwicklung in der Erprobung. Die bestehenden Konstruktionsregeln und -richtlinien werden von Anfang an durchgängig berücksichtigt, vom Designentwurf über die Analysen zur Fahrgastsicherheit, über die Ergonomie bis hin zur Produktionssteuerung. Das Resultat ist am auffälligsten, wenn Änderungen an virtuellen Modellen vorgenommen werden: alle relevanten Entwürfe und Analysen werden automatisch entsprechend abgeändert. Das Resultat ist innerhalb von Minuten ersichtlich. (13)

Datentransfer grenzenlos

Die Beherrschung der Datenströme über die Grenzen

der bisherigen IT-Insellösungen und auch über die Unternehmensgrenzen hinaus ist ein wichtiges Erfolgskriterium für die neuen CAx-Systeme. Viele Entwicklungsdienstleister, aber auch Zulieferfirmen, leben mit dem Problem, dass ihre Kunden mit unterschiedlichen CAx-Systemen arbeiten. Bei der "Übersetzung" und Vereinheitlichung dieser Daten helfen diverse Data Management Tools. (15) Auch werden CAD/CAM-Systeme angeboten, die über Schnittstellen zu allen gängigen High-End-Systemen verfügen. (16) Collaboration Tools ermöglichen die Web-gestützte Zusammenarbeit von virtuellen Konstruktionsteams, die nicht über die gleiche CAD-Umgebung verfügen. (17)

Fallbeispiele

Die Firma Megatech ist eine der wenigen deutschen Firmen, die CAD/CAM-Lösungen anbietet. Das 3D-CAD-System Megacad kann problemlos mit der CAM-Software von Megatech verbunden werden und lässt sich so zu einer durchgängigen CAD/CAM-Lösung kombinieren. Auch ein PDM-System ist in Megacad enthalten. Da das 2D-System in die 3D-Lösung vollständig integriert ist, können die vertrauten 2D-Funktionen weiter benutzt und 2D-Datensätze weiter bearbeitet werden. Die Lösungen von Megatech sind vor allem in kleinen und mittleren Betrieben weit verbreitet. (21)

Die Firma ISD, Dortmund bringt die Version Hicad next auf den Markt. Auch hier können 2D- und 3D-Datenstrukturen voll kompatibel bearbeitet werden. Hicad next erlaubt außerdem das gleichzeitige Öffnen mehrerer Konstruktionen. In Bezug auf PLM bietet Hicad next die Möglichkeit, Fertigungs-, Stücklisten- und Konstruktionsstrukturen mit Bauteileabhängigkeiten zu speichern und auch Eigenschaften wie beispielsweise Farben oder Materialien zu definieren. Die Bedienung orientiert sich an den Windows-Programmen und ist daher leicht erlernbar. Parellele Konstruktion ist selbstverständlich möglich, eine eingebaute Plausibilitätskontrolle hilft auch bei komplexen Entwürfen, Fehler zu vermeiden. (22)

Die Firma IBM bietet mit ihren IBM PLM Solutions eine große Bandbreite von Hard- und Softwareprodukten, die auf die Bedürfnisse des entsprechenden Nutzers zugeschnitten werden können. IBM bietet als Engineering Lösung das 3D-System Catia V5 der Dassault Systèmes an, das Produktdaten-Management wird entweder mit Enovia oder den Smartteam-Paketen gelöst. Mit

Catia V5 wird erstmals eine sogenannte "Knowledgeware" geliefert, die es ermöglicht, das 3D-System mit eigenen Zusatzanwendungen zu verbinden. So können beispielsweise betriebsspezifische Normen oder Konstruktionsvorschriften mit berücksichtigt werden. Über Websphere als Middleware kann die Verbindung von der Applikation zum Betriebssystem hergestellt werden. Mit diesen Lösungsvorschlägen bietet IBM ein ganzheitliches Angebot für die komplette Fertigungsindustrie. (23)

Bereits seit 20 Jahren gibt es die Firma Autodesk. Mit dem damals entwickelten Programm Autocad wurde die CAD-Welt erstmals einer breiten Öffentlichkeit zugänglich gemacht. Auch heute noch bietet Autocad vielfältige Lösungsmöglichkeiten für die Konstruktions- und Designwelt. Autodesk bietet Lösungen für mobile und Internet-zugängliche, digitale Konstuktions- und Designdaten. Die Software-Lösungen unterstützen die Zusammenarbeit von räumlich getrennten Teams genauso, wie das Produktdatenmanagement über den gesamten Lebenszyklus eines Produktes hinweg. (24)

Hersteller von Workstations zum Einsatz für CAD/CAM-Lösungen sind die Firmen Compaq, Dell, Fujitsu-Siemens, Hewlett Packard, IBM, Silicon

Graphics und Sun Microsystems. Sun feiert heuer ebenfalls sein 20-jähriges Bestehen und brachte dazu das Sondermodell "20th Anniversary Celebration Edition" auf den Markt. (2)

An der Entwicklung der vielfach eingesetzten Virtual Reality Software waren maßgeblich die Fraunhofer Institute in Darmstadt und Stuttgart beteiligt. Das Fraunhofer IMK, St. Augustin arbeitet zur Zeit an einer VR-Lösung ohne Ecken und Kanten. Mit dem System i-Cone kann über vier Teilbilder ein nahtloses, stereoskopisches Bild projiziert werden. Weitere, auf Virtual Reality spezialisierte Software-Anbieter sind Silicon Graphics Inc., Vrcom, VirCinity, Icido, Delmia und MathWorks. (4)

Umfassende Informationen über alle erdenklichen Fragen aus der CAx-Welt bieten die Foren von CAD.de. Die Foren beschäftigen sich nicht nur mit allgemeinen Fragen wie PLM, FEM, EDM/PDM oder Herstellerkatalogsysteme, es gibt auch anwendungsspezifische Foren zu allen gängigen Hard- und Softwarelösungen. (20)

Weiterführende Literatur

(1) 20 Jahre - 1982-2002 CAD CAM
aus CAD CAM, Heft 3/2002, S. 35-47

(2) Workstations
aus CAD CAM, Heft 3/2002, S. 50-54

(3) VR im Netz
aus Automobil-Entwicklung, Heft 3/2002, S. 48-50

(4) Virtual-Reality-Software
aus CAD CAM, Heft 2/2002, S. 40-42

(5) Messen CAT Engineering/Autom@tion: Die digitale Fabrik kommt - PLM erlaubt einheitliche Sicht auf aktuelle Daten, Industrieanzeiger, Heft 24, 2002 vom 10.06.2002
aus CAD CAM, Heft 2/2002, S. 40-42

(6) Synchron zur digitalen Fabrik
aus Automobil Produktion, Heft 4/2002, S. 48-49

(7) Graf, Stefan, CAD in großen Dimensionen - 2D- oder 3D-Konstruieren - mehr als eine Glaubensfrage!, SCOPE, Heft 6, 2002 vom 11.06.2002
aus Automobil Produktion, Heft 4/2002, S. 48-49

(8) Steck, Ralf, COMPUTERGESTÜTZTE PRODUKTION - 3D-Design macht Fertigungsprozesse billiger, Computer Zeitung, Heft 26 vom 24.06.2002, S. 21
aus Automobil Produktion, Heft 4/2002, S. 48-49

(9) Ein weiterer Schritt in der think3-0ffensive - thinkdesign und thinkteam 8.0 mit wesentlichen Neuerungen
aus ke - konstruktion + engineering, Heft 7-8/2002, S.

(10) Durch VR mehr Frontloading
aus Automobil Entwicklung, Heft 4/2002, S. 74-76

(11) Mit Simulationen interagieren - Ziele des EU-Projekts ViSiCADE
aus ke - konstruktion + engineering, Heft 6/2002, S. 53

(12) Rademacher, Rochus, KOMMENTAR - Die Digitalfabrik ist kein Schnickschnack, Computer Zeitung, Heft 26 vom 24.06.2002, S. 21
aus ke - konstruktion + engineering, Heft 6/2002, S. 53

(13) Auf Wissen bauen
aus Automobil Entwicklung, Heft 4/2002, S. 72

(14) PDM-/CPC-Lösungen fördern Know-how-Transfer zwischen Geschäftspartnern: Fertigungsindustrie ist im Global Vitlage angekommen
aus CAD CAM, Heft 3/2002, S. 71-73

(15) Verschmelzung von Catia und Robcad
aus Automobil Entwicklung, Heft 4/2002, S. 52-54

(16) Stotz, Hajo, CAD/CAM-Lösung Visi für Werkzeug- und Formenbau - Nach 7 Tagen produktiv, Computer @ Produktion, Heft 7, 2002 vom 01.07.2002, S. 60
aus Automobil Entwicklung, Heft 4/2002, S. 52-54

(17) Roser, Thomas, COLLABORATION - Web-Tools

organisieren virtuelle Konstrukteurteams, Computer Zeitung, Heft 26, 2002 vom 24.06.2002, S. 24
aus Automobil Entwicklung, Heft 4/2002, S. 52-54

(18) Wie sehen die nächsten 20 Jahre CAD/CAM aus?
aus CAD CAM, Heft 3/2002, S. 34-35

(19) INDUSTRIELÖSUNGEN - Prozessplanung ist der Schlüssel zur digitalen Fabrik, Computer Zeitung, Heft 29, 2002 vom 15.07.2002, S. 16
aus CAD CAM, Heft 3/2002, S. 34-35

(20) http://www.cad.de - CAD.de Foren
aus CAD CAM, Heft 3/2002, S. 34-35

(21) CAD made in Germany - Abschied vom Image des Billiganbieters
aus CAD CAM, Heft 3/2002, S. 28-32

(22) Die nächste Generation steht in den Startlöchern
aus CAD CAM, Heft 3/2002, S. 45-48

(23) Sendler, Ulrich, Knowledgeware: Wettbewerbsvorteile im CAE-Umfeld - Wissen ist Macht, KEM Konstruktion Elektronik Maschinenbau, Heft 7, 2002 vom 05.07.2002, S. 42
aus CAD CAM, Heft 3/2002, S. 45-48

(24) Geburtstag Geburtstag - 20 Jahre CAD - 20 Jahre Autodesk
aus CAD CAM, Heft 3/2002, S. 40

Impressum

New Generation CAx

Bibliografische Information der deutschen Nationalbibliothek

Die Deutsche Nationalbibliothek verzeichnet diese Publikation in der deutschen Nationalbibliografie; detaillierte bibliografische Daten sind im Internet über http://dnb.d-nb.de abrufbar.

ISBN: 978-3-7379-1018-7

© 2015 GBI-Genios Deutsche Wirtschaftsdatenbank GmbH, Freischützstraße 96, 81927 München, www.genios.de

Alle Rechte vorbehalten. Dieses Werk ist einschließlich aller seiner Teile – z.B. Texte, Tabellen und Grafiken - urheberrechtlich geschützt. Jede Verwertung außerhalb der Grenzen des Urheberrechtsgesetzes bedarf der vorherigen Zustimmung des Verlags. Dies gilt insbesondere auch für auszugsweise Nachdrucke, fotomechanische Vervielfältigungen (Fotokopie/Mikroskopie), Übersetzungen, Auswertungen durch Datenbanken oder ähnliche Einrichtungen und die Einspeicherung und Verarbeitung in elektronischen Systemen.